金子みすゞ童謡集

# 明るいほうへ

選・矢崎　節夫

装丁挿絵・高畠　純

女学校時代の金子みすゞ

# はじめに

まど・みちお

金子みすゞの童謡《どうよう》は人間だけでなく他のすべての生き物にやさしい。そして知的《ちてき》である。と聞きかじっていた私《わたし》は、ろくにみすゞを読みもしないで、そうだそうだと喜《よろこ》んでいました。が、このたび本書と前に出た『わたしと小鳥とすずと』を併読《へいどく》してみて目がさめました。そんな私の想像《そうぞう》をはるかにこえて、みすゞの世界は多彩《たさい》、豊饒《ほうじょう》なのでした。

しかもみすゞは子どもの視点《してん》に立って、子どもの直感《ちょっかん》で書いているようなのです。童謡ならば当り前のことかも知れないのに、それが際立《きわだ》って感じられました。私は嫌《いや》でもひごろ大人の常識《じょうしき》で書いた童謡ばかりを見なれている自分に気がつきました。

みすゞの童謡では子どもの視点からの子どもの直感が、大人の常識をふきとばしています。そしてそこにじつにさまざまな新しい美しい世界をくり広げています。常識老人の私は、ただ溜息《ためいき》をつくばかりです。

ここまでしどろもどろ、書きつづってきま

したが、いま私《わたし》は私の好きな童謡《どうよう》満載《まんさい》の本書をぱらっと開いて、そこに現れた童謡をここに、取り上げさせてもらいたくなりました。素敵《すてき》です。「れんげ」が現れました。

ひィらいた
つゥぼんだ、
お寺の池で
れんげの花が。

ひィらいた
つゥぼんだ、
お寺の庭で

手つないだ子ども。

ひィらいた
つゥぼんだ、
お寺のそとで
お家が、町が。

この「れんげ」の輝《かがや》きに免《めん》じて、この駄稿《だこう》の臆面《おくめん》なさをお赦《ゆる》し願《ねが》えたら幸せでございます。

（'95・2・8）

# 明るいほうへ・目次

## みえない星

## お日さん、雨さん



## さびしいとき

## 明るいほうへ

## 山の子はまの子

# お花だったら

# お花だったら

もしもわたしがお花なら、
とてもいい子になれるだろ。

ものが言えなきゃ、あるけなきゃ、
なんでおいたをするものか。

だけど、だれかがやって来て、
いやな花だといったなら、
すぐにおこってしぼむだろ。

もしもお花になったって、
やっぱしいい子にゃなれまいな、
お花のようにはなれまいな。

夕顔

せみもなかない
くれがたに、
ひとつ、ひとつ、
ただひとつ、

キリリ、キリリと
ねじをとく、

みどりのつぼみ
ただひとつ。

おお、神さまはいま
このなかに。

げんげ

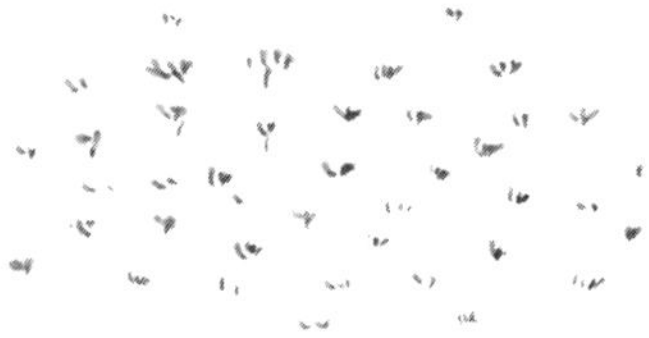

ひばりききききつんでたら、
にぎり切れなくなりました。

持ってかえればしおれます、
しおれりゃ、だれかがすてましょう。
きのうのように、ごみ箱へ。

わたしはかえるみちみちで、
花のないとこみつけては、
はらり、はらりと、まきました。
――春のつかいのするように。

# 仙人《せんにん》

花をたべてた仙人は、
天へのぼってゆきました。
　そこでおはなしすみました。

わたしは花をたべました、
緋桃《ひもも》の花は苦《にが》かった。
　そこでげんげをたべました。

お花ばかりをたべてたら、
いつかお空へゆけましょう。
　そこでも一つたべました。

けれどそろそろ日がくれて、
お家のあかりがついたから、
　そこでごはんをたべました。

# 灰《はい》

花さかじいさん、はいおくれ、
ざるにのこったはいおくれ、
わたしはいいことするんだよ。

さくら、もくれん、なし、すもも、
そんなものへはまきゃしない、
どうせ春にはさくんだよ。

一度もあかい花さかぬ、
つまらなそうな、森の木に、
はいのありたけまくんだよ。

もしもみごとにさいたなら、
どんなにその木はうれしかろ、
どんなにわたしもうれしかろ。

# ひがんばな

村のまつりは
夏のころ、
ひるまも花火を
たきました。

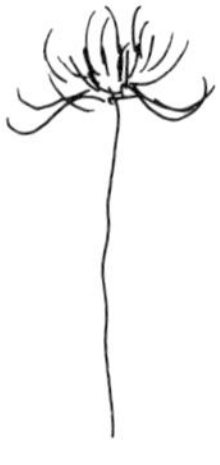

秋のまつりは
となり村、
日がさのつづく
うらみちに、
地面《じべた》のしたに
すむひとが、
線香《せんこ》花火を
たきました。

あかい
あかい
ひがんばな。

かたばみ

かけてあがった
お寺の石だん。

おまいりすませて
おりかけて、
なぜだか、ふっと、
おもい出す。

石のすきまの
かたばみの
赤いちいさい
葉のことを。
――とおい昔に
みたように。

# つばな

つゥばな、つばな、
白《しイろ》い、白《しイろ》いつばな。

夕日の土手で、
つばなをぬけば、
ぬいちゃいやいや、
かぶりをふるよ。

つゥばな、つばな、
白《しイろ》い、白《しイろ》いつばな。

日ぐれの風に、
とばそよ、とばそ、
日ぐれの空の、
白《しイろ》い雲になァれ。

# 草原《くさはら》

つゆの草原
はだしでゆけば、
足があおあおそまるよな。
草のにおいもうつるよな。

草になるまで
あるいてゆけば、
わたしのおかおはうつくしい、
お花になって、さくだろう。

# 空いろの花

青いお空の色してる、
小さい花よ、よくおきき。

むかし、ここらに黒い瞳《め》の、
かわいい女の子があって、
さっきわたしのしてたように、
いつもお空をみていたの。

一日青ぞらうつるので、
おめめはいつか、空いろの、
小さな花になっちゃって、
いまもお空をみているの。

花よ、わたしのおはなしが、
もしもちがっていないなら、
おまえはえらいはかせより、
ほんとの空を知っていよ。

いつもわたしが空をみて、
たくさん、たくさん、考えて、
ひとつもほんとは知らぬこと、
みんなみていいよ、知っていいよ。

えらいお花はだァまって、
じっとお空をみつめてる。
空にそまった青い瞳《め》で、
いまも、あきずにみつめてる。

# みえない星

# みえない星

空のおくには何がある。

空のおくには星がある。

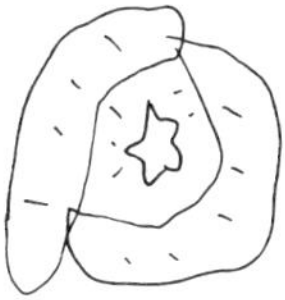

星のおくには何がある。
星のおくにも星がある。
めには見えない星がある。
みえない星はなんの星。

おともの多い王様の、
ひとりのすきなたましいと、
みんなに見られたおどり子の、
かくれていたいたましいと。

# 草原《そうげん》の夜

ひるまは牛がそこにいて、
青草たべていたところ。

夜《よる》ふけて、
月のひかりがあるいてる。

月のひかりのさわるとき、
草はすっすとまたのびる。
あしたもごちそうしてやろと。

ひるま子どもがそこにいて、
お花をつんでいたところ。

夜ふけて、
天使がひとりあるいてる。

天使の足のふむところ、
かわりの花がまたひらく、
あしたも子どもに見せようと。

# 水と影《かげ》

お空のかげは、
水のなかにいっぱい。

お空のふちに、
木立ちもうつる、
野ばらもうつる。
　水はすなお、
なんのかげもうつす。

水のかげは、
木立ちのしげみにちらちらちら。

明るいかげよ、
すずしいかげよ、
ゆれてるかげよ。
　水はつつましい、
自分のかげは小さい。

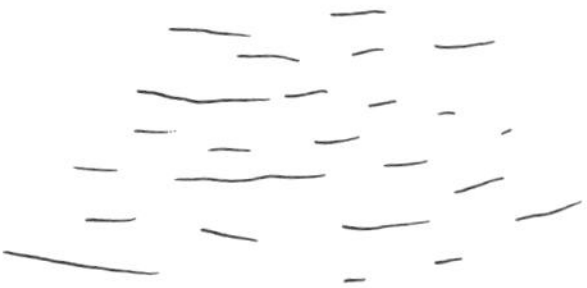

# 風

空の山羊《やぎ》追い
めにみえぬ。

山羊は追われて
ゆうぐれの、
広野のはてを
むれてゆく。

空の山羊追い
めにみえぬ。

山羊が夕日に
そまるころ、
とおくで笛を
ならしてる。

# 海とかもめ

海は青いとおもってた、
かもめは白いと思ってた。

だのに、今見る、この海も、
かもめのはねも、ねずみ色。

みな知ってるとおもってた、
だけどもそれはうそでした。

空は青いと知ってます、
雪は白いと知ってます。

みんな見てます、知ってます、
けれどもそれもうそかしら。

# 空のこい

お池のこいよ、なぜはねる。

あの青空を泳いでる、
大きなこいになりたいか。

大きなこいは、今日ばかり、
明日はおろして、しまわれる。

はかない事をのぞむより、
はねて、あがって、ふりかえれ。

おまえの池の水底《みなそこ》に、
あれはお空のうろこ雲。

おまえも雲の上をゆく、
空のこいだよ、知らないか。

# ひまわり

おてんとさまの車の輪《わ》、
黄金《きん》のきれいな車の輪。

青い空をゆくときは、
黄金《きん》のひびきをたてました。

白い雲をゆくときに、
見たは小さな黒い星。

天でも地でもだれ知らぬ、
黒い星をひくまいと、
急に曲がった車の輪。

おてんとさまはほり出され、
真っ赤になっておはら立ち、
黄金《きん》のきれいな車の輪、
はるか下界へすてられた、
むかし、むかしにすてられた。

いまも、黄金《こがね》の車の輪、
お日を慕《した》うてまわります。

## 夜ふけの空

人と、草木のねむるとき、
空はほんとにいそがしい。

星のひかりはひとつずつ、
きれいなゆめを背《せな》に負い、
みんなのお床《とこ》へとどけよと、
ちらちらお空をとび交うし、
つゆひめさまは明けぬまに、
町の露《ろ》台《だい》のお花にも、
お山のおくの下葉にも、
のこらずつゆをくばろうと、
銀のお馬車をいそがせる。

花と、子どものねむるとき、
空はほんとにいそがしい。

# 見えないもの

ねんねした間になにがある。

うすももいろの花びらが、
お床《とこ》の上にふりつもり、
お目めさませば、ふと消える。

だれもみたもののないけれど、
だれがうそだといいましょう。

まばたきするまに何がある。

白い天馬がはねのべて、
白羽の矢よりもまだ早く、
青いお空をすぎてゆく。

だれもみたものないけれど、
だれがうそだといえましょう。

# お日さん、雨さん

# お日さん、雨さん

ほこりのついた
しば草を
雨さんあらって
くれました。

あらってぬれた
しば草を
お日さんほして
くれました。

こうしてわたしが
ねころんで
空をみるのに
よいように。

# すずめのかあさん

子どもが
子すずめ
つかまえた。

その子の
かあさん
わらってた。

すずめの
かあさん
それみてた。

お屋根で
鳴かずに
それ見てた。

# つばめの母さん

ついと出ちゃ
くるっとまわって
すぐもどる。

つういと
すこうし行っちゃ
またもどる。

つういつうい、
横町《よこちょ》へ行って
またもどる。

出てみても、
出てみても、
気にかかる、
おるすの
赤ちゃん
気にかかる。

# せみのおべべ

母さま、
うらの木のかげに、
せみのおべべが
ありました。

せみも暑くて
ぬいだのよ、
ぬいで、わすれて
行ったのよ。

ばんになったら
さむかろに、
どこへとどけて
やりましょか。

つばめ

つういとつばめがとんだので、
つられてみたよ、夕空を。

そしてお空にみつけたよ、
くちべにほどの、夕やけを。

そしてそれから思ったよ、
町へつばめが来たことを。

# 雨のあと

日かげの葉っぱは
なきむしだ、
ほろりほろりと
ないている。

日向《ひなた》の葉っぱは
わらい出す、
なみだのあとが
もうかわく。

日かげの葉っぱの
なきむしに、
たれか、ハンカチ
かしてやれ。

# 知らない小母さん

ひとりで杉垣《すぎがき》
のぞいていたら、
知らない小母さん
垣《かき》の外通った。

小母さんってよんだら
知ってるようにわらった、
わたしがわらったら
もっともっとわらった。

知らない小母さん、
いい小母さんだな、
花のさいたざくろに
かくれて行ったよ。

# 転校生

よそから来た子は
かわいい子、
どうすりゃ、おつれに
なれよかな。

おひるやすみに
みていたら、
その子はさくらに
もたれてた。

よそから来た子は
よそ言葉、
どんな言葉で
はなそかな。

かえりの路で
ふと見たら、
その子はおつれが
出来ていた。

秋

電灯《でんき》がてんでに
ひかってて、
てんでにかげを
こさえてて、
町はきれいな
縞《しま》になる。

縞の明るい所には、
ゆかたの人が
三五人。
縞の小暗い所には、
秋がこっそり
かくれてる。

# 葉っぱの赤ちゃん

「ねんねなさい」は
月の役。
そっと光を着せかけて、
だまってうたうねんねうた。

「起っきなさい」は
風の役。
東の空のしらむころ、
ゆすっておめめさまさせる。

昼のお守りは
小鳥たち。
みんなでうたをうたったり、
えだにかくれて、また出たり。

ちいさな
葉っぱの赤ちゃんは、
おっぱいのんでねんねして、
ねんねした間にふとります。

# 海を歩く母さま

母さま、いやよ、
そこ、海なのよ。
ほら、ここ、港、
このいす、おふね、
これから出るの。
おふねに乗ってよ。

あら、あら、だァめ、
海んなか歩いちゃ、
あっぷあっぷしてよ。
母さま、ほんと、
わらってないで、
はよ、はよ、乗ってよ。

とうとう行っちゃった。
でも、でも、いいの、
うちの母さま、えらいの、
海、あるけるの。
えェらいな、
えェらいな。

# さびしいとき

## さびしいとき

わたしがさびしいときに、
よその人は知らないの。

わたしがさびしいときに、
お友だちはわらうの。

わたしがさびしいときに、
お母さんはやさしいの。

わたしがさびしいときに、
ほとけさまはさびしいの。

# 水すまし

一つ水の輪《わ》、一つ消え、
三つまわれどみな消える。

水にななつの輪をかけば、
まほうはあわと消えよもの。

お池のぬしにとらわれの
いまのすがたは、水すまし。

きのうもきょうも、青い水、
雲は消えずにうつるけど、

一つ、二つ、と水の輪は、
一つあとから消えてゆく。

おほりのそば

おほりのそばでおうたけど、
知らぬかおして水みてた。

きのう、けんかはしたけれど、
きょうはなんだかなつかしい。

にっとわらってみたけれど、
知らぬ顔して水みてた。

わらった顔はやめられず、
つッと、なみだも、止められず、

わたしはたったとかけ出した、
小石が縞《しま》になるほどに。

# けんかのあと

ひとりになった
一人になった。
むしろの上はさみしいな。

わたしは知らない
あの子が先よ。
だけどもだけども、さみしいな。

お人形さんも
ひとりになった。
お人形だいても、さみしいな。

あんずの花が
ほろほろほろほろり。
むしろの上はさみしいな。

仔
牛 <ruby>べ<rt></rt>え<rt></rt>こ<rt></rt></ruby>

ひい、ふう、みい、よ、ふみ切りで、
みんなして貨車《かしゃ》をかずえてた。
いつ、むう、ななつ、八つ目の、
貨車にべえこが乗っていた。
売られてどこへ行くんだろ、
べえこばかしで乗っていた。
夕風つめたいふみ切りで、
みんなして貨車を見おくった。
ばんにゃどうしてねるんだろ、
母さん牛はいなかった。
どこへべえこは行くんだろ、
ほんとにどこへ行くんだろ。

# れんげ

ひィらいた
つゥぼんだ、
お寺の池で
れんげの花が。

ひィらいた
つゥぼんだ、
お寺の庭で
手つないだ子ども。

ひィらいた
つゥぼんだ、
お寺のそとで
お家が、町が。

# 早春

とんで来た
まりが、
あとから子ども。

ういている
たこが、
海から汽笛。

とんで来た
春が、
きょうの空　青さ。

ういている
こころ、
遠い月　白さ。

# あわ雪

雪がふる、
雪がふる。

落ちては消えて
どろどろな、
ぬかるみになりに
雪がふる。

兄から、姉から、
おととにいもと、
あとから、あとから
雪がふる。

おもしろそうに
まいながら、
ぬかるみになりに
雪がふる。

帆《ほ》

港に着いたふねのほは、
みんな古びて黒いのに、
はるかのおきをゆくふねは、
光りかがやく白いほばかり。

はるかのおきの、あのふねは、
いつも、港へつかないで、
海とお空のさかいめばかり、
はるかに遠く行くんだよ。

かがやきながら、行くんだよ。

# 明るいほうへ

# 明るいほうへ

明るい方へ
明るい方へ。

一つの葉でも
陽《ひ》の洩《も》るとこへ。

やぶかげの草は。

明るい方へ
明るい方へ。

はねはこげよと
灯《ひ》のあるとこへ。
夜とぶ虫は。

明るい方へ
明るい方へ。
一分もひろく
日のさすとこへ。
都会《まち》に住む子らは。

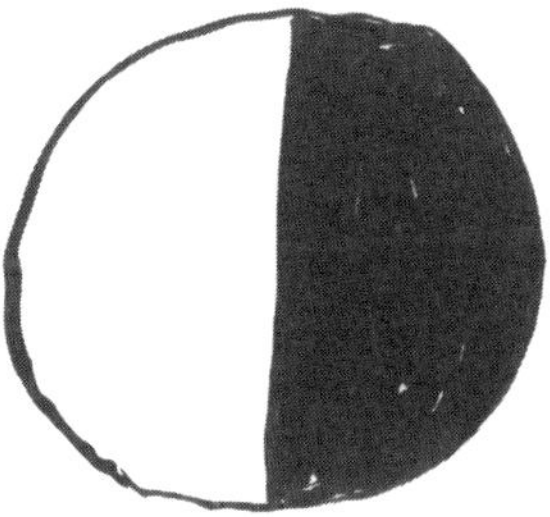

# 二つの草

ちいさいたねはなかよしで、
いつもやくそくしてました。
「ふたりはきっと一しょだよ、
ひろい世界へ出るときは。」

けれどひとりはのぞいても、
ほかのひとりはかげもなく。
あとのひとりが出たときは、
さきのひとりはのびすぎた。

せいたかのっぽのつばめぐさ、
秋の風ふきゃさやさやと、
右に左に、ふりむいて、
もとの友だちさがしてる。
ちいさくさいた足もとの、
おみこし草を知りもせず。

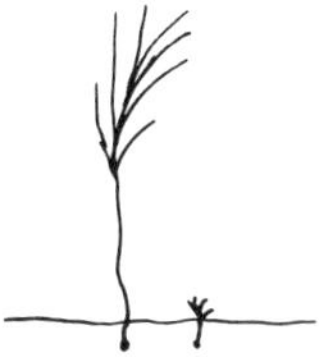

# すぎとすぎな

一本すぎはうたう。
あの山のむこうの
大きな海のなかに、
ちょうちょうのような、
白帆《しらほ》を三つ、みたよ。

一本すぎはうたう。
あの山のむこうの
大きな町のなかで、
青銅《からかね》のぶたが、
水をふくのをみたよ。

一本すぎの下で
すぎながうたう。
わたしもいつか、
あんなにのびて、
遠くの遠くをみようよ。

# すすきとお日さま

――もうすこし、
――もうすこし。
すすきはせいのびしています。

あまりてられてしおれそな、
白いやさしいひるがおを、
どうにか、かげにしてやろと。

――もうすこし、
――もうすこし。
お日はぐずぐずしています。
まだまだかごは大きいに、
あれっぽちしかようからぬ、
草かりむすめがかわいそで。

# いいこと

古い土べいが
くずれてて、
墓《はか》のあたまの
みえるとこ。

道の右には
山かげに、
はじめて海の
みえるとこ。

いつかいいこと
したところ、
通るたんびに
うれしいよ。

# はすとにわとり

どろのなかから
はすがさく。

それをするのは
はすじゃない。

たまごのなかから
とりが出る。
それをするのは
とりじゃない。
それにわたしは
気がついた。
それもわたしの
せいじゃない。

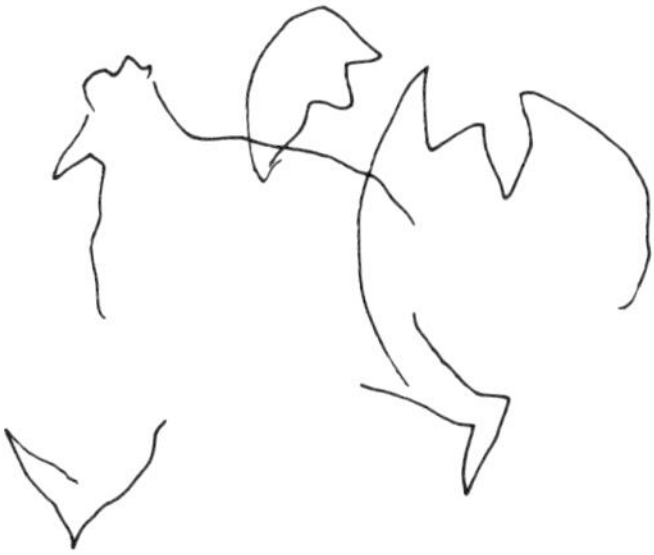

# 月の出

だまって
だまって
ほうら、出ますよ。

お山の
ふちが
ぼうっと明るよ。

お空の
そこと
海のそことに、

なにか
光が
とけていますよ。

# ばらの根

はじめてさいたばらは
あかい大きなばらだ。
土のなかで根が思う
「うれしいな、
うれしいな。」

二年めにゃ、三つ、
あかい大きなばらだ。
土のなかで根がおもう
「またさいた、
またさいた。」

三年めにゃ、七つ、
あかい大きなばらだ。
土のなかで根がおもう
「はじめのは
なぜさかぬ。」

# おおみそかと元日

兄さまはかけ取り、
母さまはおかざり、
わたしはおせいぼ。
町じゅうに人が急いで、
町じゅうにお日があたって、
町じゅうになにか光って。

うす水いろの空の上、
とんびはしずかに輪《わ》をかいてた。

兄さまはもんつき、
かあさまもよそゆき、
わたしもたもとの。
町じゅうに人があそんで、
町じゅうにまつが立ってて、
町じゅうにあられがちってて。

うすずみいろの空の上、
とんびは大きく輪をかいてた。

## しけだま

夕やけのなかに、
しけだまが赤いよ。
しけだまの下では、
仔牛《べえこ》があそぶよ。

もういつからか、
あがったきりだよ。
だれもうわさも、
しなくなったよ。

夕やけのそらに、
しけだまは赤いよ。
いつか来る、
いつか来る時《し》化《け》を知らすよ。

注　しけだま——ぼう風雨けいほう

# 光のかご

わたしはいまね、小鳥なの。

夏の木のかげ、光のかごに、
みえないだれかにかわれてて、
知っているだけうたうたう、
わたしはかわいい小鳥なの。

光のかごはやぶれるの、
ぱっとはねさえひろげたら。

だけどわたしは、おとなしく、
かごにかわれてうたってる、
心やさしい小鳥なの。

# 山の子はまの子

# 山の子はまの子

町を見て来た山の子よ、
町には何がありました。

日ぐれのつじの人ごみに、
ふまれもせずにぽっちりと、
森の一けん屋の灯《ひ》のように、
ぐみがこぼれておりました。

町を見てきたはまの子よ、
町には何がありました。

電車どおりの水たまり、
底《そこ》のきれいな青空に、
さみしい昼の星のよに、
うろこがうかんでおりました。

# 弁天島《べんてんじま》

「あまりかわいい島だから
ここにはおしい島だから、
もらってゆくよ、つなつけて。」

北のお国のふなのりが、
ある日、わらっていいました。

うそだ、うそだと思っても、
夜が暗《くろ》うて、気になって、

朝はおむねもどきどきと、
かけてはまべへゆきました。

弁天島は波のうえ、
金のひかりにつつまれて、
もとの緑でありました。

# 王子山

公園になるので植えられた、
さくらはみんなかれたけど、

きられた雑木《ぞうき》の切りかぶにゃ、
みんな芽《め》が出た、芽がのびた。

木の間に光る銀の海、
わたしの町はそのなかに、
龍宮《りゅうぐう》みたいにうかんでる。

銀のかわらと石がきと、
ゆめのようにも、かすんでる。

王子山から町見れば、
わたしは町がすきになる。

ほしかのにおいもここへは来ない、
わかい芽立《めだ》ちの香《か》がするばかり。

# 鯨法会《くじらほうえ》

鯨法会は春のくれ、
海にとびうおとれるころ。

はまのお寺で鳴るかねが、
ゆれて水面《みのも》をわたるとき、

村のりょうしがはおり着て、
はまのお寺へいそぐとき、

おきでくじらの子がひとり、
その鳴るかねをききながら、

死んだ父さま、母さまを、
こいし、こいしとないてます。

海のおもてを、かねの音は、
海のどこまで、ひびくやら。

# やぶかのうた

ブーン、ブン、
木かげにみつけた、うば車、
ねんねの赤ちゃん、かわいいな、
ちょいとキスしよ、ほっぺたに。

アーン、アン、
おやおや、赤ちゃんなき出した、
お守りどこ行《い》た、花つみか、
とんでってつげましょ、耳のはた。

パーン、パン、
どっこい、あぶない、おおこわい、
いきなりぶたれた、てのひらだ、
命、ひろうたぞ、やあれ、やれ。

ブーン、ブン、
やぶのお家は暗いけど、
やっぱりお家へかえろかな、
かえって、母さんとねようかな。

# いどばたで

お母さまは、おせんたく、
たらいの中をみていたら、
しゃぼんのあわにたくさんの、
ちいさなお空が光ってて、
ちいさなわたしがのぞいてる。

こんなに小さくなれるのよ、
こんなにたくさんになれるのよ、
わたしはまほうつかいなの。

何かいいことして遊《あす》ぼ、
つるべのなわにはちがいる、
わたしもはちになってあすぼ。

ふっと、みえなくなったって、
母さま、心配しないでね、
ここの、この空とぶだけよ。

こんなに青い、青ぞらが、
わたしのはねにさわるのは、
どんなに、どんなに、いい気持ち。

つかれりゃ、そこの石竹の、
花にとまってみつすって、
花のおはなしきいてるの。

ちいさいはちにならなけりゃ、
とても聞こえぬおはなしを、
日ぐれまででも、きいてるの。

なんだかはちになったよう、
なんだかお空をとんだよう、
とてもうれしくなりました。

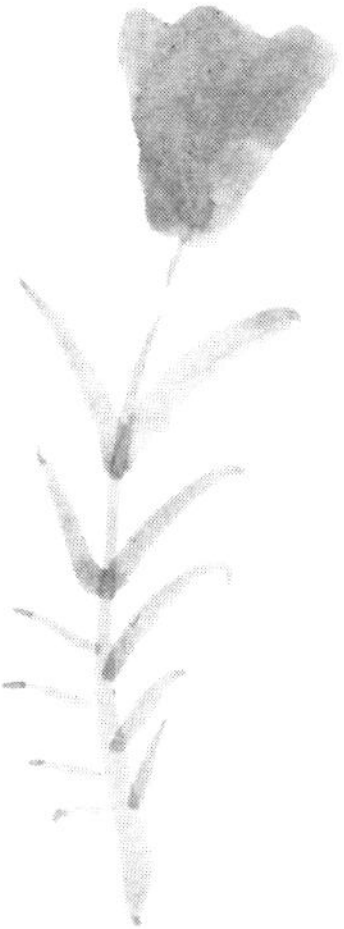

## こぶとり——おはなしのうたの一——

正直じいさんこぶがなく、
なんだかさびしくなりました。
意地悪じいさんこぶがふえ、
毎日わいわいないてます。

正直じいさんお見舞いだ、
わたしのこぶがついたとは、
やれやれ、ほんとにお気のどく、
も一度、一しょにまいりましょ。

山から出て来た二人づれ、
正直じいさんこぶ一つ、
意地悪じいさんこぶ一つ、
二人でにこにこわらってた。

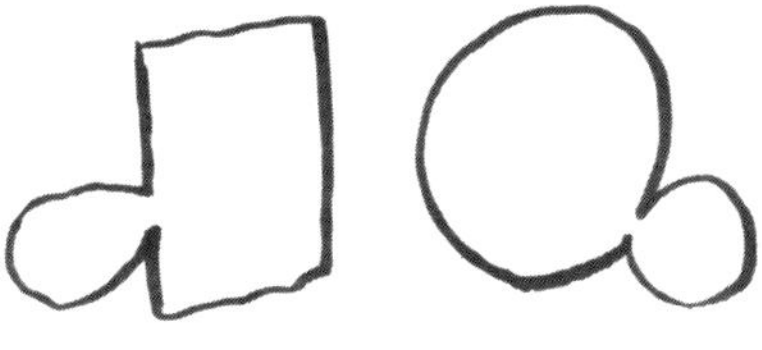

# 花屋のじいさん

花屋のじいさん
花売りに、
お花は町でみな売れた。

花屋のじいさん
さびしいな、
育てたお花がみな売れた。

花屋のじいさん
日がくれりゃ、
ぽっつり一人でこやのなか。

花屋のじいさん
ゆめにみる、
売ったお花のしあわせを。

# ゆめ売り

年のはじめに
ゆめ売りは、
よいはつゆめを
売りにくる。

たからの船に
山のよう、
よいはつゆめを
つんでくる。

そしてやさしい
ゆめ売りは、
ゆめの買えない
うら町の、
さびしい子らの
ところへも、
だまってゆめを
おいてゆく。

帆《ほ》

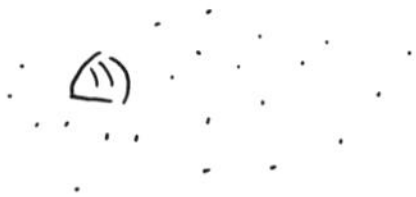

ちょいと
なぎさの貝がら見た間に、
あのほはどっかへ
行ってしまった。

こんなふうに
行ってしまった、
だれかがあった——
何かがあった——

# 『明るいほうへ』によせて

矢崎節夫

〝みすゞさん〟

金子みすゞを、こんなふうに親しみをこめてよぶ人が、たくさんいます。

金子みすゞは、今から六十年いじょうも前になくなっています。だから、実際《じっさい》にみすゞに会ったことのある人は、もうほとんどいないのです。それなのに、たくさんの人が、今もそばにいるように、〝みすゞさん〟とよぶのです。たいせつな人をよぶように、〝みすゞさん〟と。

金子みすゞの童謡《どうよう》を読むと、だれもがきっと、やさしい、うれしい気持ちになるからでしょう。

金子みすゞ、本名テルは、大正から昭和のはじめ、日本の童謡のもっともさかんだったころに、すい星のようにあらわれて、有名な詩人だった西條八十《さいじょうやそ》に、「わかい童謡詩人の中の巨星《きょせい》」といわれ、日本中の文学少年や少女のあこがれでした。

『童話』などの雑誌《ざっし》に、五年間に九十編《ぺん》ほどの童謡を投稿《とうこう》し、昭和五年、二十六歳《さい》のわかさでこの世を去りました。

それから半世紀、みすゞの名前と作品は、多くの人のみすゞさがしにもかかわらず、長い間かくれたままでした。

金子みすゞは生前に、自分の童謡を三さつの手帳に書き写し、弟にわたしていたのです。手帳には、『美しい町』『空のかあさま』『さみしい王女』と題がつけてありました。ここには、発表した九十編をふくむ、五百十二編もの童謡が書いてありました。

うれしいことに、みすゞがこんなにもたくさんの童謡をのこしてくれたおかげで、今わたしたちは、直接《ちょくせつ》みすゞに会うことはできないけれど、童謡をとおして、〝みすゞさん〟に出会うことができるのです。

金子みすゞのよみがえりは、昭和五十七年六月二十日に始まりました。

弟の上山《かみやま》雅輔《がすけ》、本名正祐《まさすけ》さんのところに、手書きの童謡集三さつが、たいせつに残っているのがわかった時からです。

はじめて三さつの童謡集を手にし、読んだ夜のことは、今でもわすれられません。

一ページひらくたびに、一編《ぺん》の童謡《どうよう》を読むたびに、心のなかの感動の泉《いずみ》がふきあげて、心がいたいほどいっぱいになり、朝までねむれませんでした。

この感動をつたえたくて、次の朝、何人もの人に電話をかけ、童謡を読みきかせました。電話のむこうからも、「いいですね」「すごいな」ということばがかえってきました。

――この童謡を、自分だけのものにしてはいけない。たくさんの人に手わたさなければ……

そう思いました。でも、ひとりでなにができるでしょうか。

ひとりの力は小さいけれど、思いはとぶのです。みすゞの童謡がみつかってから今まで、十年あまりの間に、ほんとうに〝思いはとぶ〟ということを、何度実感《じっかん》したかわかりません。そしてこの時も、思いは、同じ思いの人へととんだのです。

できたばかりの小さな子どもの本の出版社《しっぱんしゃ》が、手をあげてくれました。ＪＵＬＡ出版局です。「わたしたちは、いい本を出版するために、この出版社を始めたのです。この童謡集はのこさなければいけないだいじな本です。ぜひ出版しましょう」

こうして、三さつの童謡集は、『金子みすゞ全集』限定《げんてい》三百部として出版することになりました。

すると、この話を朝日新聞社の記者が偶然《ぐうぜん》にきいて、「金子みすゞとはどんな人だろう。その童謡を読んでみたい」と、出版社をたずねてきてくれました。そして、まだできあがっていない全集の校正《こうせい》刷《ず》りを読んでおおいに感動し、後日、大きな記事にして、金子みすゞの童謡と、全集が出版されることとを、たくさんの人に知らせてくれたのです。

この記事の反響《はんきょう》はおどろくほどで、三日の間、JULA出版局の電話はなり続け、三百部限定《げんてい》のつもりが、三倍いじょうの千部限定として発行され、それでもたりなくて、今でている新装版《しんそうばん》の全集まででつくることになったのです。

もし、このふたつのできごとがなければ、〝みすゞよみがえり〟はおこなわれなかったかもしれません。

この記者は、のちにこんなふうに語ってくれました。

「新聞記者になる時、だれもが、人の美しさや、善意《ぜんい》のすばらしさを記事に書きたいと思っている。しかし、現実はその反対で、暗い記事ばかり書いて記者生活を終える人が多い。

ぼくは、金子みすゞのことを記事に書くことができて、これだけで記者になってよかった」

美しいこと、あるいは美しい行為《こうい》は、美しい行為を生むのでしょう。この童謡集に入っている「草原《そうげん》の夜」は、まさに、そのことをうたっています。

草原《そうげん》の夜

ひるまは牛がそこにいて、
青草たべていたところ。

夜《よる》ふけて、
月のひかりがあるいてる。
月のひかりのさわるとき、
草はすっすとまたのびる。

あしたもごちそうしてやろと。

ひるま子どもがそこにいて、
お花をつんでいたところ。

夜ふけて、
天使がひとりあるいてる。

天使の足のふむところ、
かわりの花がまたひらく、
あしたも子どもに見せようと。

昼間、牛に食べられてしまう青草は、〈もうのびないぞ、のびたら牛に食べられるだけだもの〉と思っているかもしれません。

しかし、夜、月のひかりが草原をてらしてくれるのです。月のひかりは青草に、「のびて、牛に食べさせてやりなさい」とはいいません。ただ、月は月らしく、美しくひかっているのです。

月のひかりにさわられた青草は、〈ああ、なんて美しいのだろう〉と、うれしくなります。うれしくなると、心がやさしいほうへと動きだして、〈そうだ、またすっとのびて、あしたも牛にごちそうしてやろう〉と思うのです。

花だっておなじです。

青草や花は、わたしたちみんななのでしょう。みすゞの童謡《どうよう》は、きっと月のひかりであり、天使なのでしょう。

この童謡を読むと、美しい行為《こうい》は美しい行為を生む、ということが信じられて、しあわせな気持ちになります。

全集が発行されたあとも、みすゞの思いは日本中にとんでいきました。

みすゞのふるさと、美しい海と山とに囲まれた町、山口県長門市《やまぐちけんながとし》では、たくさんの人が力を合わせて〝みすゞ記念館〟をつくり、〝みすゞさん〟の思いをみんなにつたえようと努力しています。観光《かんこう》におとずれた人びとに、みすゞの童謡《どうよう》集を手わたす人もいます。

テレビやラジオは、いくつものみすゞの番組を流しましたし、新聞や雑誌《ざっし》もみすゞの童謡をくりかえし取りあげました。

何人もの作曲家が、みすゞの童謡に曲をつけました。みすゞの童謡を〝書《しょ》〟や〝彫刻《ちょうこく》〟にして、てんらん会をひらいた人もいます。

本屋でもないのに、みすゞの童謡集をお客さんにすすめている民芸品《みんげいひん》のお店やお菓子屋《かしや》さん、ペンションなどもあらわれました。

みすゞの童謡で宇宙《うちゅう》を語る物理学者もいますし、道を説《と》く宗教家《しゅうきょうか》もいます。みすゞの移り変わることのないたしかな目の位置、見えないものまで見とおす深い見方におどろき、みすゞの童謡をたいせつなものと考えているのです。

みんな、みんな、みすゞの童謡に感動して動きだしたのです。こうして、たくさんの人びとの力で、みすゞはよみがえりました。このよみがえりは、みすゞが生きていた時にえた評価を、はるかにこえた深く広いものでした。

すこし前のことですが、わたしは、山口県下松市《やまぐちけんくだまつし》の小学校の先生の次のような文章を読みました。

三年の担任の時、クラスでいじめがあったそうです。先生が力をつくしても、いじめはなくならなかったのです。そんな時、先生は金子みすゞ童謡《どうよう》集『わたしと小鳥とすずと』を手にしたのです。

先生は、みすゞの童謡を読むことで〝心〟をつたえたいと思ったそうです。そこで、毎日「終わりの会」の時、童謡集のなかから一編《ぺん》ずつ、ゆっくり読みきかせ、先生の感じたことを話していったのです。いつのまにか、この五分間を、クラスの子どもたちが「みすゞタイム」とよぶようになり、心待ちにするようになりました。

そんなある日、いじめられていた子のお母さんから手紙がきました。

「最近《さいきん》、うちの子は、とてもよくごはんを食べるし、よくしゃべるようになりました。どうしたのときいてみたら、いじめられなくなった、友だちが遊びにさそってくれるし、勉強も教えてくれるというのです。もう、うれしくて、うれしくて……」

みすゞの童謡がいじめをなくしたと断言《だんげん》はできないかもしれませ

んが、わたしはなぜか、そう思いたいのです——と、先生は書いて
おられました。

人はだれでもやさしくなりたいのです。子どもたちなら、なおさ
らでしょう。毎日、みすゞの童謡をきき、先生の願いをきいている
うちに、子どもの心がやわらかくなって、やさしいほうへ、明るい
ほうへと、コトコトと動きだしたのでしょう。

みすゞの童謡は、読む人の心を浄化《じょうか》する、ふしぎな力をもってい
るような気がします。わたしは、〝みすゞさん〟の思いが広がってい
けばそれだけ、人の心が明るいほうへ動きだすことを信じるように
なりました。

金子みすゞ童謡集『明るいほうへ』は、『わたしと小鳥とすずと』

に続く、二さつめの選集《せんしゅう》です。全集のなかからぜひ読んでほしい童《どう》謡《よう》六十編をえらび、ふるいかん字やかな使いをあらためて、読みやすくしたものです。

この童謡集のタイトルにした「明るいほうへ」を、もう一度読んでみてください。

明るいほうへ

明るい方へ
明るい方へ。

一つの葉でも
陽《ひ》の洩《も》るとこへ。

やぶかげの草は。

明るい方へ
明るい方へ。

はねはこげよと
灯《ひ》のあるとこへ。

夜とぶ虫は。

明るい方へ
明るい方へ。

一分もひろく
日のさすとこへ。
都会《まち》に住む子らは。

〝みすゞさん〟の童謡《どうよう》を読んでくださったみなさんの思いが、明るいほうへ、うれしいほうへ、やさしいほうへと、とんでくださったら、とってもしあわせです。

金子みすゞ童謡集 **明るいほうへ**

著者／金子みすゞ　選者／矢崎節夫

発行日――――1995年3月10日　第1刷　2018年9月1日　第66刷

再発行――――2020年9月　第1刷 発行　2024年6月　第3刷 発行

発行者――――福田康彦

発行所――――JULA出版局

〒113-0021東京都文京区本駒込6-14-9フレーベル館内

TEL.03-5395-6657

発売元――――株式会社フレーベル館

〒113-8611東京都文京区本駒込6-14-9

TEL.03-5395-6613

印刷所――――新日本印刷株式会社　製本所―――牧製本印刷株式会社



164P 18×14cm NDC911 ISBN978-4-577-61026-8



＊作品はすべて、『金子みすゞ全集』より転載しました。

＊かなづかいは、現代かなづかいを用い、旧漢字は改めました。

＊原則として、小学校4年以上に配当された漢字は、かな書きとしています。